Le Buzz du Dropshipping

Extended version

Comment ne pas tomber dans les pièges de la facilité et préparer votre boutique e-commerce en dropshipping pour qu'elle fonctionne !

SOMMAIRE

- INTRODUCTION - Page 5

- QU'EST-CE QUE LE DROPSHIPPING ? - Page 7

- AVANTAGES ET INCONVENIENTS DU DROPSHIPPING - Page 11

- TROUVER UNE « NICHE » - Page 20

- VERIFIEZ LES PRIX DES CONCURRENTS POUR CALCULER VOTRE MARGE - Page 23

- TROUVEZ VOS GROSSISTES - Page 29

- CREEZ VOTRE BOUTIQUE E-COMMERCE SOUS PRESTASHOP - Page 34

- OUVRIR SON AUTO-ENTREPRISE - Page 63

- S'OUVRIR AUX MARKETPLACES (AMAZON, CDISCOUNT, RUEDUCOMMERCE) - Page 68

- CALCULEZ LE BUDGET PREVU POUR MAINTENIR UNE TRESORERIE STABLE - *Page 74*

- TROUVEZ VOTRE INTEGRATEUR DE FLUX POUR EXPORTER VOS PRODUITS - *Page 77*

- UTILISEZ GOOGLE SHOPPING (PUBLICITES PAYANTES) - *Page 83*

- DEVELOPEMENT DU DROPSHIPPING - *Page 88*

- BILAN - *Page 90*

INTRODUCTION

Vous avez acheté ce livre car vous voulez en savoir plus sur le dropshipping, découvrir des méthodes pour ne pas tomber dans les pièges dans lesquels je suis moi-même tombé à mes débuts. Vous voulez gagner du temps et bien entendu de l'argent mais surtout ne pas en perdre ! Il n'y aura pas dans ce livre de jargon marketing compliqué ou de méthodes incompréhensibles, tout sera exprimé de manière simple et concise. Je vous aiderai à trouver votre « niche » mais aussi et le plus important à trouver votre grossiste en dropshipping par rapport à votre niche. Il y a une liste très importante, malgré ce que l'on pourrait penser, de grossistes en dropshipping partout dans le monde avec des produits, des niches et des prix totalement différents. Le tout est de savoir où les trouver ! Je vous expliquerai entre-autre comment utiliser les avantages que propose le dropshipping au niveau légal, comment ne pas tomber dans les pièges de certaines Marketplaces qui vous feront perdre de l'argent, comment ne pas tomber dans le cercle vicieux qu'est le moment de l'attente du retour sur le fruit des ventes pour pouvoir honorer les autres commandes. Pourquoi utiliser prestashop plutôt que shopify, pourquoi les publicités facebook ne seront pas utilisées. Quelques conseils entrepreneuriaux seront donnés pour les initiés sur la création et gestion d'entreprise.

Je vous montrerais étape par étape quels sont les outils dont vous avez besoin et dans quel ordre vous devez lancer votre boutique e-commerce. Bien, maintenant que vous savez ce qui vous attend il ne vous reste qu'à commencer par « Qu'est-ce que le dropshipping ? » vous apprendrez les bases du fonctionnement de ce modèle de ventes et vous pourrez ensuite prendre place dans ce qu'est la plus grande partie du travail, la préparation.

QU'EST-CE QUE LE DROPSHIPPING ?

Nous voici donc dans le vif du sujet « qu'est-ce que le dropshipping » exactement ? Si vous avez entendu parler du dropshipping c'est certainement par des « gourous » d'internet ou des grossistes proposant eux-mêmes ce type de service pour engranger plus de ventes et qui expliquent grossièrement en quoi consiste leurs services dropshipping.

Voici un schéma explicatif que vous retrouverez la plupart du temps sur le dropshipping :

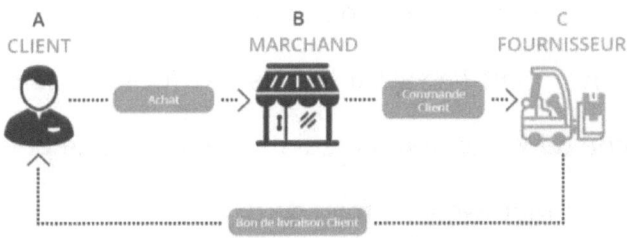

Le client « A » achète un produit au marchand « B »

(vous), le marchand « B » transmet la commande au fournisseur ou grossiste « C » qui envoie ensuite la commande directement au client car lors de la finalisation de l'achat qui vous est facturé vous avez inscrit le nom, prénom et adresse postale de votre client comme destinataire. Ce qu'on explique rarement dans ce genre de présentation et dont on se rend vite compte ensuite, c'est qu'avant que le fournisseur « C » envoie la commande au client « A » il faut lui acheter le produit que le marchand « B » (nous), avons vendu, au prix « de gros » (ou plutôt au prix que le grossiste aura choisi de vous vendre son produit), pour que nous le revendions au détail. C'est aussi à ce niveau que la loi devient floue mais nous y reviendrons. Il est exact de dire que vous n'avez pas de stock donc pas de perte c'est ce qui est le plus souvent mit en valeur lors de l'explication de cette méthode de vente mais ce qui n'est pas indiqué de suite c'est qu'il faut avoir un fond de départ calculé selon ce que vous voulez vendre et à quelle fréquence vous voulez le vendre. Car vous n'êtes pas une grosse entreprise qui compte acquérir une grosse quantité de produits à revendre au détail et donc écouler le stock à tout prix, votre travail est tout autre, le dropshipping à beau ressembler au business model d'une entreprise d'import/export, il faut comprendre que cela est différent sur plusieurs points essentiels que vous verrez dans le chapitre « Avantages et inconvénients du dropshipping ». Votre travail consiste plutôt à prévoir un plan de vente et à s'y tenir, pas plus de ventes que prévu car le cercle vicieux commencera à partir de ce moment-là. Il faut réellement dissocier le dropshipping de la vente au détail, l'un n'est pas plus simple que l'autre, ils sont tout simplement différents et chaque méthode a ses avantages et ses inconvénients. Alors, pourquoi s'intéresser au dropshipping dans ce cas ? Eh bien parce que cette méthode vous permet de travailler seul, de chez vous, avec un investissement inférieur à la vente en ligne basique. En fait, le dropshipping est fait pour les auto-entrepreneurs, car la marge de bénéfice en dropshipping doit être inférieure aux concurrents L.L.C

(SARL en France ou tout autre type d'entité juridique), votre bénéfice après déduction est votre salaire ce qui n'est pas le cas d'une L.L.C qui elle, a besoin de vendre à une marge de bénéfice supérieure à la vôtre et donc de commander à des fournisseurs en grandes quantités pour avoir les mêmes produits que vous à des prix bien inférieurs. Le dropshipping n'est donc pas fait pour une grosse entreprise, voyez plutôt cela comme un tremplin, évoluez, augmentez votre capital entreprise et ensuite lancez-vous dans quelque chose de plus grand, le dropshipping est un début, une expérience pour la suite. Devenir indépendant.

Bien entendu vous pouvez rester simplement dropshipper et gagner un salaire ô combien convenable si vous ne souhaitez pas aller plus loin, mais le dropshipping offre une multitude de possibilités lorsque l'on devient inventif. Et pour ceux qui le voudront il sera très utile pour vos projets futurs.

AVANTAGES ET INCONVENIENTS DU DROPSHIPPING

Maintenant que vous en savez un peu plus sur le Dropshipping nous voici désormais aux « avantages et inconvénients du dropshipping ».

Nous allons commencer par les inconvénients, comme indiquer dans le chapitre précédent une entreprise d'import/export fera l'acquisition d'un grand nombre de produits en général étrangers, pour les revendre au détail avec une marge de bénéfice qui peut aller jusqu'à 300%. L'inconvénient lorsque l'on travaille en Dropshipping c'est que le grossiste sachant qu'il ne vous vendra en réalité qu'au détail ne fixera pas les prix de la même manière pour un dropshipper que pour un détaillant, ce qui vous oblige à abaisser votre marge bénéficiaire en général le minimum sera de 30% du prix de gros.

Exemple :

Voici un sac à main de la marque Versace Jeans d'un de mes fournisseurs en vêtements et accessoires de mode que je vous fournirai dans le chapitre « Trouvez vos Grossistes ». Nous utiliserons ici des prix en euros pour les exemples car c'est ma devise principale mais bien entendu les calculs et exemples que je vous fournirais sont exactement les mêmes dans toutes les devises. Le prix d'achat pour un dropshipper sera de 68€, dans un grand magasin il sera vendu 204€. Bien entendu nous ne pouvons pas vendre ce produit à 204€ car la concurrence sur internet est uniquement celle du prix et vous retrouverez en général des prix bien inférieurs à celui-ci.

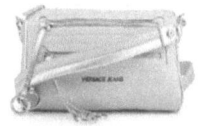

Voici le prix sur Amazon 153,99€ hors frais de port, sur le prix de base de 68€ ce marchand a donc ajouté 125% de marge de bénéfice. Calculons le bénéfice réel que ce marchand a fait sur cette vente. Il vend le sac à main 153,99€, Amazon prend une commission de 15% sur la vente de 23,09€, le marchand commande ensuite le sac à main au fournisseur pour le livré au client ce qui lui coûte 68€. Et pour finir il devra reverser 13,80% d'impôts au moment où ce livre est rédiger sur le prix total de la vente donc les 153,99€ qui sera de 21,25€.
Le bénéfice net de ce marchand sur cette vente est de : 41,64€. Bien entendu les taux d'impositions diffèrent selon les pays et il conviendrait de vous informer sur ce

point dans vos pays respectifs.

Etant donné que la loi est floue sur le sujet du dropshipping il y a un moyen de payer moins d'impôts en reversant uniquement sur les bénéfices et non sur le chiffre d'affaire total mais nous verrons cela plus en détail dans le chapitre « ouvrir son auto-entreprise ».

Bien entendu, ceci n'est qu'un exemple, le vendeur n'est pas un dropshipper et son bénéfice est supérieur à celui indiqué ici. Le plus gros inconvénient est donc celui-ci, les résultats sur une seule commande avoisineront toujours ce type de bénéfices pour un dropshipper.

Le deuxième inconvénient est que vous ne pouvez pas donner d'informations précises à vos clients, vous dépendez totalement de votre fournisseur lorsqu'une question vous est posée, car vous devrez aussi faire le service à la clientèle. Vous devrez attendre que votre fournisseur vous donne les informations dont votre client a besoin, c'est pour cela que dans le choix de votre fournisseur en Dropshipping le service client prendra une grande place juste après la qualité des produits et du service de livraison. Troisième inconvénient que j'ai moi-même appris à mes dépends, la synchronisation des stocks de vos produits depuis votre boutique en ligne vers les Marketplaces telle qu'Amazon peut poser un problème. Dès lors que vous avez un grand nombre de produits il peut y avoir des problèmes de serveur avec votre intégrateur de flux que nous verrons dans le chapitre « trouver son intégrateur de flux pour exporter vos produits », il cherche à récupérer tous les produits et stocks mais finit par un « time-out » et ne synchronise pas la totalité des stocks de vos produits, les produits seront donc toujours disponibles à la vente bien que le fournisseur ne les ait plus physiquement en stock. Vous allez donc devoir annuler ces commandes faute de stock et avoir probablement de mauvais commentaires clients. Le retour des clients est primordial sur les Marketplaces et je vous montrerai comment éviter ce type de problème dans le chapitre « trouver son intégrateur de flux pour exporter vos produits ». Le quatrième inconvénient est le temps de travail, vous travaillez tout seul, de chez vous et à partir d'un certain temps vous ne compterez plus vos heures, avec les nouvelles arrivées et fiches produits à mettre en place sur certaines Marketplace comme "La Rue du Commerce" (exclusivement française) qui exige des attributs obligatoires à insérer soit même pour chaque fiche produit. Cela peut être extrêmement long lorsque comme moi vous avez plus de cinq-milles fiches produits à mettre à jour une par une. Lorsque vous vous lancez dans ce type de travail il faut accepter le fait que beaucoup de loisirs passeront après cela, donc avant toute chose demandez-vous si vous êtes prêt.

Passons désormais aux avantages du dropshipping, comme je vous en parlais sur le chapitre précédent le plus gros avantage du dropshipping c'est que vous n'avez pas de stock donc aucune perte d'aucune sorte, votre fond de roulement n'aura pas de grosses sorties sans retours au départ, c'est ce qui est le plus utile dans cette méthodologie de vente, vous minimisez au maximum les dépenses pour évoluer pas-à-pas. Vous n'avez pas de stress au niveau de l'écoulement des stocks et des invendus qui sont une perte parfois considérable d'argent lorsque votre choix de produit a été mauvais. En dropshipping, vous pouvez vous permettre de vous tromper de produit car vous n'êtes qu'une vitrine, votre catalogue est celui de votre fournisseur, si un produit ne se vend pas vous ne perdrez pas d'argent. Et c'est pour cela qu'il vaut mieux récupérer le catalogue entier de votre niche auprès de votre fournisseur et de voir par la suite quels produits se vendent le mieux. Bien entendu tout cela ne veut pas dire qu'il n'y aura pas de dépenses de départ, mais elles seront minimes par rapport à une société d'import/export ce qui est aussi un avantage pour un auto-entrepreneur. Le deuxième avantage du dropshipping est au niveau de votre stock par rapport aux sociétés qu'on appellera « concurrents » même si elles ne le sont pas réellement car vous ne travaillez pas de la même façon. Quand vous êtes sur une Marketplace comme Amazon vous aurez à faire à beaucoup de vendeurs, certains dropshippers comme vous, que vous reconnaîtrez, et d'autres qui seront des détaillants. Ne vous focalisez pas sur le prix des détaillants pour effectuer votre calcul de marge, que nous verrons dans le chapitre « vérifiez les prix des concurrents pour calculer votre marge », mais uniquement sur les autres dropshippers comme vous, car lorsque le détaillant aura écoulé tout son stock qui est limité, vous récupérerez ses potentiels clients que nous appellerons « prospects » et qui auront le choix entre vous ou un autre dropshippers jusqu'à ce que le détaillant renouvelle son stock. C'est ici que le prix jouera un rôle dans le choix du client bien entendu si vos délais de livraisons sont sensiblement les mêmes. Mais en général un client d'internet est prêt à attendre plus longtemps pour payer moins cher même de quelques euros. Le troisième avantage et non des moindres est que vous pouvez choisir un fournisseur pour chaque pays dans lequel vous voulez vendre vos produits, que cela soit en Europe, en Amérique, ou en Asie. Car vous remarquerez lorsque nous parlerons des Marketplaces, qu'elles reversent le fruit des ventes entre sept et vingt jours après réception du produit par le client car il y a un délai de rétractation et donc de retour du client de quatorze jours, les Marketplace se doivent donc légalement de respecter ce délai et de garder le fruit des ventes dans le cas d'une demande de remboursement de la part du client après un retour. Il ne sera bien entendu pas fait automatiquement et vous devrez gérer ce type de problème avec votre client depuis votre interface marchand. Donc finalement si vous vendez depuis un fournisseur Européen en Amérique, le délai de livraison sera beaucoup plus important et de ce fait il y aura un retard non négligeable sur le reversement du fruit de vos ventes. Le meilleur moyen de pallier ce problème est d'avoir un ou plusieurs fournisseurs pour chaque zones cibles dans lesquelles vous voulez vendre vos produits. Chose qui est impossible en tant que détaillant car vous enverrez vos produits directement depuis votre entrepôt et sauf si vous avez l'intention d'acquérir plusieurs entrepôts dans le monde pour abaisser les délais de livraison, le dropshipping est le seul moyen de pouvoir vendre à l'international avec les meilleurs délais de livraison.

TROUVER UNE « NICHE »

Nous allons aborder ici le sujet de la « Niche », tout d'abord qu'est-ce qu'une niche ? Une niche est un marché ciblant des clients spécifiques avec des produits spécifiques, de ce fait en ciblant les clients vous aurez plus de facilité à proposer des produits qui leurs correspondent, le but ici n'étant pas de vendre tout et n'importe quoi comme une Marketplace. Vous pouvez bien entendu par la suite ouvrir plusieurs sites e-commerce spécialisés avec des niches totalement différentes, mais pour garder un certain professionnalisme visuel il faut séparer les différentes catégories de produits en plusieurs boutiques différentes. En général, une niche devrait être quelque chose qui vous corresponds par exemple si vous aimez le fitness ou le sport en général vendez uniquement des produits de sports, si vous aimez les nouvelles technologies vendez uniquement des produits high-techs, vous êtes fans de smartphones vous en changez pratiquement tous les six mois ? Alors lancez-vous dans la vente de smartphones. En bref, vendez ce que vous connaissez car il sera plus simple de vous poser ce type de questions « est-ce que j'achèterais ce produit à ce prix-là ? », « est-ce que ce produit me plaît ? », tout simplement vous mettre à la place de vos futurs clients. Mais si vous n'avez pas d'idées je vais vous parler d'un site américain spécialement conçu pour mettre en relation les détaillants ou dropshippers avec les fournisseurs. Il y a une liste de fournisseurs dans n'importe quel domaine et spécifications qui peuvent vous convenir. C'est vraiment le saint Graal du dropshipper. Vous pourrez trier lors de votre recherche selon les types de produits que les fournisseurs proposent et donc trouver la niche qui vous convient. Voici le lien vers le site SaleHoo :

https://www.salehoo.com/

Bien entendu l'accès au site est payant, pour 67$ par an vous aurez accès à toute une liste de fournisseurs dans le monde vendant des produits différents. Ce n'est donc pas un investissement inutile car en plus de vous fournir les fournisseurs dont vous avez besoin il peut vous aider à trouver votre niche.

VERIFIEZ LES PRIX DES CONCURRENTS POUR CALCULER VOTRE MARGE

Cette étape est essentielle pour prévoir le budget dont vous aurez besoin, savoir si vous avez assez de fonds pour la niche que vous avez choisi, et surtout mettre en place le plan de vente c'est-à-dire le maximum de ventes que vous pourrez effectuer mensuellement avant de devoir attendre le retour sur le fruit des ventes pour pouvoir honorer vos futures commandes. Point essentiel pour ne pas entrer dans le cercle vicieux dont je vous parlais, car si votre but est de faire le plus de ventes possibles en très peu de temps vous allez rencontrer un problème au niveau de votre fond de roulement, c'est-à-dire que vous aurez utilisé toute votre trésorerie et que vous ne pourrez plus honorer vos autres commandes avant que vos clients n'aient reçu leurs produits plus le temps de rétractation accordé aux clients selon les différentes Marketplaces, si vous ne prévoyez pas cela avant vous aurez des commandes que vous ne pourrez pas passer faute de financement, et nous revenons au problème des mauvais commentaires clients sur les Marketplace car vous devrez annuler ces commandes. Je ne le répèterai jamais assez, les commentaires de vos premiers clients sont primordiaux à vos débuts, vous êtes nouveaux vendeurs, vous n'inspirez pas confiance. Dès lors que vos premières ventes seront faites, et que vos premiers clients vous auront bien notés vos ventes commenceront à se multipliés. C'est pourquoi il faut se préparer à ne pas faire ce type d'erreurs dès le départ. La méthode que je vais vous exposer est assez simple prenons l'exemple de mon fournisseur de vêtements et accessoires de mode :

Encadrée en vert vous pourrez retrouver la référence du produit, dans chaque fiche produit il y a sa référence et parfois son code barre (ou EAN13) qui confirme son authenticité, donc que c'est un vrai produit de la vraie marque. En effectuant une recherche Google avec cette référence vous trouverez les boutiques concurrentes et parfois mais assez rare directement le produit sur les Marketplaces, même si en général les Marketplaces n'utilisent pas ces références pour le référencement sur Google.

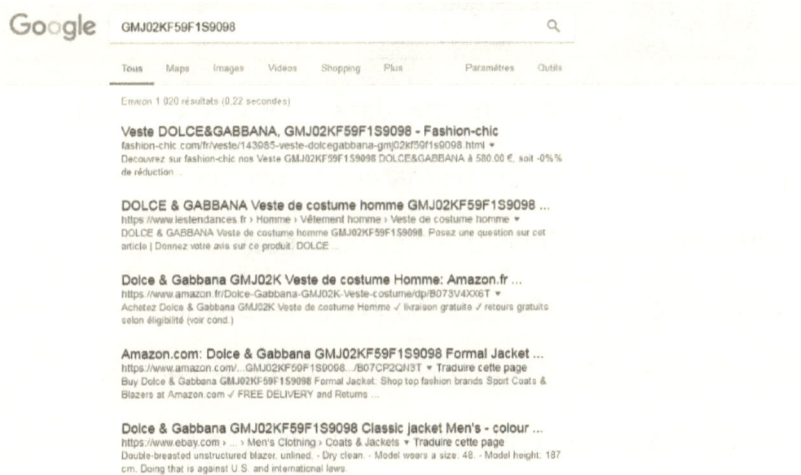

Pour ce qui est de la recherche sur Amazon vous pouvez soit utiliser le code EAN13 fourni par votre grossiste soit utiliser le nom de la marque et une partie de la référence.

Voici un exemple :

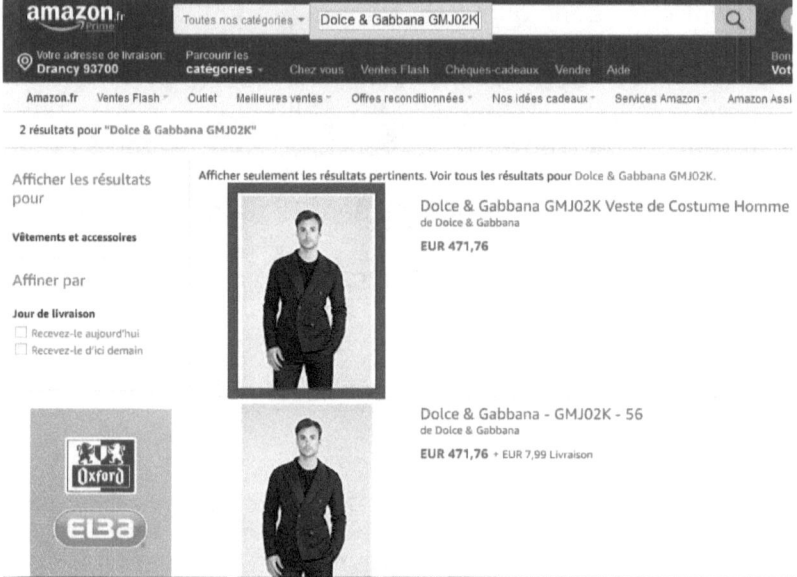

Depuis la barre de recherche dans l'encadré vert vous retrouverez notre nom de marque et une partie de la référence, dans l'encadré bleu vous pouvez voir notre veste de costume Dolce & Gabbana. Le prix le plus bas est de 471,76€ et 7,99€ de frais de port. Il n'y a aucune différence entre ce marchand ou vous la seule différence qui peut nous distinguer est le prix. Faisons le calcul, notre veste de costume coûte 245€ + 6,90€ de frais de port en moyenne, notre concurrent la vend à 471,76€ ce qui veut dire qu'il ajoute une marge d'environ 90% au prix de gros. Une marge de 70% nous suffit amplement ici si nous voulons être sensiblement moins chers. C'est ce que nous ferons. La veste de costume nous coûte 245€ nous additionnerons 70% de ce prix donc 416,50€ + 6,90€ de frais de port. Prix total à la vente 423,40€. Calculons maintenant notre bénéfice net :

- Commission Amazon : 15%
- Impots : 23,70% des bénéfices grâce à la méthode que nous verrons dans le chapitre « ouvrir son auto-entreprise »
- Prix de la veste de costume plus frais de port : 251,90€

Bénéfice net sur cette vente : 82,39€.

La première année vous serez exonérés d'impôts, en France tout du moins, mais certains pays utilisent le même principe d'aide à la création d'entreprise, informez-vous auprès de vos organismes dans vos pays respectifs.

Votre bénéfice net avec l'exonération d'impôt sera donc de 107,99€. Vous constaterez que pour ce type de produit il faut investir une grosse somme de votre fond de roulement. Vous devrez investir 251,90€ pour en gagner 107,99€.

Bien entendu tous les produits ne rapportent pas autant, tout dépendra du prix de vos concurrents comme le sac à main Versace qui, lui, rapportait un bénéfice net de 41,35€.

En utilisant cette méthodologie de calcul vous pourrez faire une moyenne en calculant le pourcentage de marge sur une partie de vos produits.

Exemple :

125% (sac à main) + 70% (veste de costume) ÷ 2 = 97,5%

Nous arrondirons donc notre marge de bénéfice à 95%.

TROUVEZ VOS GROSSISTES

Nous allons voir dans ce chapitre comment vous allez trouver vos grossistes. Je vais vous fournir dans un premier temps deux de mes fournisseurs personnels dans le cas où vous seriez intéressé par la vente de vêtements et accessoires de mode ou bien de produits high-tech et électronique. Le premier est un fournisseur Européen basé en Italie qui se nomme Brandsdistribution et que vous retrouverez sur ce lien :

https://www.brandsdistribution.com/

Leur service dropshipping comprend un abonnement mensuel pour utiliser leur service, tous les fournisseurs ne sont pas payants mais celui-ci à une plateforme très élargie de produits de grandes marques avec un service de livraison propre et d'excellente qualité, leur service client est lui aussi au rendez-vous. Vous ne trouverez pas mieux dans le secteur mode. Il livre pratiquement dans toute l'Europe et depuis peu aussi aux USA et Canada. Il y a trois formules :

Je ne peux que vous conseiller la formule pour six mois de service qui est parfaite pour un début.

Ceci sera votre interface pour suivre vos commandes avec votre suivi colis dédié pour pouvoir en informer votre clientèle. Pour le reste c'est aussi simple que de commander un produit en ligne sur n'importe quelle boutique, vous ne devez qu'insérer le nom et l'adresse de votre client comme destinataire du colis.

Passons désormais au deuxième fournisseur qui lui, est basé en Espagne, il se nomme Bigbuy son service et ses produits sont de très bonnes qualités, c'est un grossiste généraliste mais je vous conseille tout de même de ne vendre que des produits électroniques et high-techs car les frais de port sont assez élevés pour les produits volumineux.

Vous pourrez visiter le site internet en suivant ce lien :

https://www.bigbuy.eu/fr/

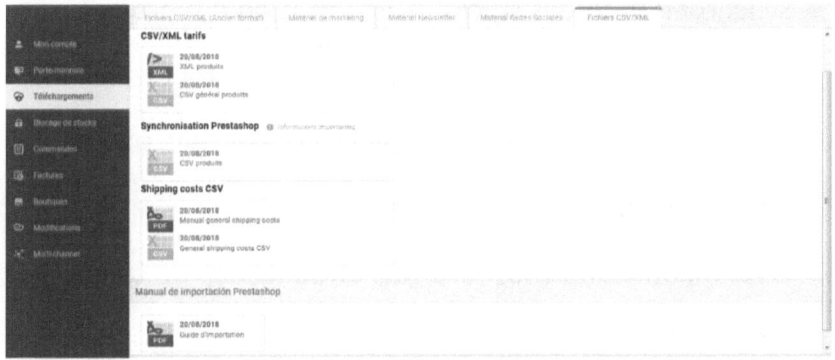

Vous retrouverez dans cette rubrique tout ce qu'il vous faut pour importer vos produits dans votre boutique manuellement.

Activez le pack grossiste qui s'adapte le mieux à votre entreprise

Bigbuy propose lui aussi trois packs, celui qui vous concerne est celui du milieu d'une valeur de 139€ le premier mois puis 49€ par mois pour l'utilisation de son service dropshipping.

Ces deux grossistes ont leurs propres modules de synchronisation des stocks et importation des produits dans le cas où vous voudriez automatiser cela et je vous le conseille fortement, c'est un investissement fixe et très utile, vous travaillerez seul et ce type d'automatisation vous fera gagner beaucoup de temps de travail, d'autant plus si l'informatique n'est pas à priori votre spécialité. Mais nous en reparlerons dans le chapitre « créez votre boutique e-commerce sous prestashop ». Maintenant vous avez vos deux premiers grossistes, mais dans le cas où ils ne vous conviendraient pas comme je l'expliquais dans le chapitre « avantage et inconvénients du Dropshipping » l'un des plus grands avantages est que vous pouvez livrer vos produits dans le monde entier en choisissant vos fournisseurs par zone de marché et pays avec de meilleurs délais de livraisons. Pour cela nous reviendrons sur le site SaleHoo que je vous ai fournis dans le chapitre « Trouvez une « NICHE » ». En rappel l'abonnement à SaleHoo n'est que de 67$ par an mais il y a mieux, si vous n'êtes pas totalement satisfait des services qu'il propose vous pouvez être totalement remboursé, vous n'avez donc rien à perdre mais tout à y gagner. Voici le lien pour retourner sur SaleHoo :

https://www.salehoo.com/

CREEZ VOTRE BOUTIQUE E-COMMERCE SOUS PRESTASHOP

Nous rentrons maintenant dans la phase technique de la préparation, ce chapitre sera entièrement consacré à la création de votre boutique, nous verrons beaucoup de points essentiels pour la prise en main de la solution « Prestashop ». Mais tout d'abord, pourquoi Prestashop ? Vous entendez sûrement beaucoup parler de Shopify qui est techniquement beaucoup plus intéressant que Prestashop notamment sur le point de la gestion de votre boutique qui est simplissime car vous n'avez besoin d'avoir aucunes connaissances techniques. Mais il y a un problème qui est bien entendu l'abonnement mensuel, cette redevance à donner qui est uniquement pour la simplicité d'utilisation. Et bien entendu plus vous avez de produits et plus vous avez besoin de performance et donc plus c'est cher. C'est à mon sens une dépense inutile comparé à Prestashop qui est gratuite, lorsque l'on a une réelle envie d'apprendre et de réussir son projet, la voie de la facilité n'est pas une solution. Il vous faudra donc comme moi, apprendre à créer votre boutique pas-à-pas et à l'utiliser, ce livre n'est pas consacré totalement à l'utilisation de Prestashop vous verrez donc uniquement les bases et l'installation de ce que l'on appelle un CMS, ce qu'est Prestashop. Vous pourrez par la suite apprendre à utiliser Prestashop avec des tutoriels que vous retrouverez sur internet. Tout y est très intuitif et vous vous y retrouverez très rapidement. Pour commencer il va falloir vous trouver un nom de domaine, qui sera le nom de votre boutique dès que vous l'aurez trouvé vous pourrez passer à l'étape suivante. Deuxième étape, choisir un hébergeur, je vous conseille d'utiliser OVH qui est mon propre hébergeur. Voici le lien vers cet hébergeur :

https://www.ovh.com/fr/hebergement-web/hebergement-pro.xml

Je vous ai directement redirigé vers l'abonnement approprié pour votre boutique qui à l'heure actuelle est de 7,19€ TTC par mois.

Cliquez ensuite sur commander, vous pourrez choisir votre nom de domaine comme ci-dessous qui sera lui aussi payant et à renouveler tous les ans.

Vous devrez bien entendu en prendre un « disponible » et non pas « transférable ».

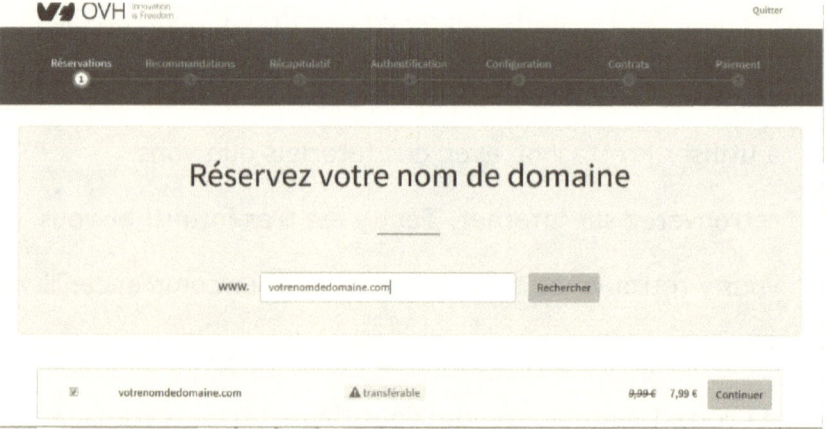

Vous arriverez ensuite sur le choix du service, comme vous pourrez le constater sur le descriptif le plus approprié pour vous sera le service gold.

OVH propose directement la création de votre hébergement avec le module Prestashop préinstallé ce qui vous mâchera un peu le travail, travaillons toujours sur le gain de temps.

Sélectionnez donc le module Prestashop comme ci-dessous.

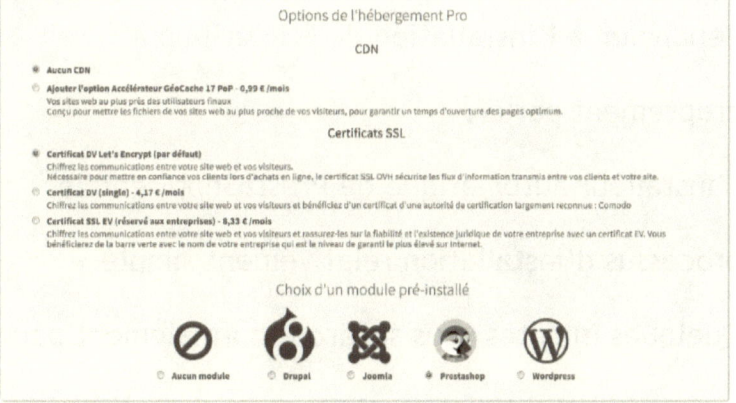

Vous pourrez par la suite procéder au règlement de la

commande et avoir accès à votre hébergement.

Voici à quoi ressemblera votre interface client chez OVH.

Ensuite « Lancer l'installeur automatique » pour y accéder il vous suffira d'inscrire l'url de votre site web, donc votre nom de domaine.

Venons-en à l'installation de PrestaShop à proprement parler.

L'installeur automatique de PrestaShop rend le processus d'installation relativement simple. Quelques minutes vous suffiront normalement pour procéder à l'installation. Assurez-vous de lire chaque page attentivement afin de ne manquer aucune information. Pour lancer l'installeur, naviguez simplement jusqu'à l'emplacement de PrestaShop sur votre serveur web, en théorie directement à l'url de votre nom de domaine : le script détecte automatiquement que PrestaShop n'est pas encore installé et vous dirige vers l'installeur automatique. Dans le même temps, le fichier prestashop.zip que vous aviez mis en ligne est décompressé sauf dans le cas où le fichier est préinstallé grâce à OVH ce qui est le cas ici. À présent, tous les fichiers de PrestaShop sont disponibles sur votre serveur web. À partir de là, vous n'avez plus qu'à lire, cliquer et remplir quelques formulaires.

Il y a six étapes. En haut de la page, l'assistant d'installation vous indique où vous en êtes dans le processus : les cercles gris deviennent des coches vertes à chaque étape terminée.

Étape 1 : page d'accueil

Cette page est une présentation rapide du processus d'installation. Vous pouvez choisir la langue dans laquelle l'installeur affiche ses instructions.

Vous avez également un lien vers le site de la documentation (http://doc.prestashop.com/) et un lien vers l'offre de support. Pour en savoir plus sur le service de support de Prestashop, rendez-vous sur

http://support.prestashop.com/fr/.

Sélectionnez la langue dans laquelle vous souhaitez voir l'installeur s'afficher, puis cliquez sur le bouton "Suivant". Cette étape vous permettra de définir la langue par défaut de votre installation de PrestaShop, mais vous aurez aussi la possibilité d'activer d'autres langues.

Étape 2 : licences de PrestaShop

Cette deuxième page énonce une condition simple : PrestaShop est gratuit et distribué dans le cadre d'un ensemble de licences open source. Vous ne pouvez pas utiliser ce logiciel si vous n'acceptez pas les conditions des licences. Dans cette étape, il vous est demandé d'accepter clairement ces conditions.

Lisez les licences de PrestaShop :

- *Open Software License 3.0* de PrestaShop, également consultable sur la page http://www.opensource.org/licenses/OSL-3.0.

- *Academic Free License 3.0* pour les modules et les thèmes, également consultable à la page http://opensource.org/licenses/AFL-3.0.

Vous devez accepter ces deux licences pour installer PrestaShop. Pour accéder à l'étape suivante, vous devez cocher la case "J'accepte les conditions ci-dessus", puis cliquer sur "Suivant". Si vous n'acceptez pas les licences, vous ne pourrez pas installer PrestaShop. Vous ne pourrez même pas cliquer sur le bouton "Suivant".

Étapes 3 et 4 : compatibilité système et informations de la boutique

La troisième page consiste en un test rapide de tous les

paramètres du serveur. Dans la plupart des cas, vous ne la verrez pas. En effet, si aucune erreur n'est trouvée, vous êtes directement dirigé vers la quatrième page "Informations de la boutique". Vous pouvez toujours consulter la troisième page en cliquant sur le lien "Compatibilité système" situé dans la barre latérale gauche.Si une erreur se produit pendant le test du serveur au cours de la troisième étape, l'installeur affiche la page "Compatibilité système" avec toutes les vérifications qui ont échoué.

Compatibilité système

Cette page permet de vérifier que la configuration de votre serveur est correcte :

paramètres PHP, permissions d'accès aux fichiers et dossiers, outils tiers, etc.

> **Nous vérifions en ce moment la compatibilité de PrestaShop avec votre système**
>
> Si vous avez la moindre question, n'hésitez pas à visiter notre documentation et notre forum communautaire.
>
> ✓ La compatibilité de PrestaShop avec votre système a été vérifiée
>
> Rafraîchir ces informations
>
> Précédent   Suivant

Informations de la boutique

C'est ici que vous pouvez commencer à personnaliser votre boutique : en lui donnant un nom, en indiquant son activité principale et en renseignant les données personnelles du propriétaire de la boutique (ce qui implique des obligations juridiques dans la plupart des pays). Ne mettez pas de deux-points dans le nom de votre boutique au risque de provoquer le dysfonctionnement de certaines fonctionnalités (par exemple, l'envoi d'e-mails). Vous pouvez remplacer les deux-points par un tiret si vous souhaitez avoir deux parties dans le titre. Écrivez par exemple utilisez "MaBoutique – La meilleure boutique pour acheter" au lieu de "MaBoutique : La meilleure boutique pour acheter".

Informations à propos de votre boutique

- **Nom de la boutique :** ps171
- **Activité principale :** Merci de choisir une activité
  - *Aidez-nous à mieux vous connaître pour que nous puissions vous orienter et vous proposer les fonctionnalités les plus adaptées à votre activité !*
- **Installer les produits de démo :** ● Oui ○ Non
  - *Les produits de démo sont un bon moyen pour apprendre à utiliser PrestaShop. Vous devriez les installer si vous n'êtes pas familier avec le logiciel.*
- **Pays :** France

Votre compte

- **Prénom :** Jean
- **Nom :** Petit
- **Adresse e-mail :** jean@prestashop.com
  - *Cette adresse e-mail vous servira d'identifiant pour accéder à l'interface de gestion de votre boutique.*
- **Mot de passe :** ••••••••••
  - *Minimum 8 caractères*
- **Confirmation du mot de passe :** ••••••••••

Les informations recueillies font l'objet d'un traitement informatique et statistique, elles sont nécessaires aux membres de la société PrestaShop afin de répondre au mieux à votre demande. Ces informations peuvent être communiquées à nos partenaires à des fins de prospection commerciale et être transmises dans le cadre de nos relations partenariales. Conformément à la loi « Informatique et Libertés » du 6 janvier 1978 modifiée en 2004, vous pouvez exercer votre droit d'accès, de rectification et d'opposition au traitement des données qui vous concernent en cliquant ici.

[Précédent] [Suivant]

C'est également dans cette section que vous choisissez le mot de passe pour vous connectez au panneau d'administration de votre boutique. Choisissez-le bien pour pouvoir vous en souvenir tout en faisant en sorte qu'il soit sécurisé !

Cliquez sur "Suivant" pour continuer.

Étape 5 : Configuration système

Cette page contient un formulaire vous permettant d'indiquer à PrestaShop l'emplacement du serveur de bases de données et la base de données à utiliser, ainsi que quelques autres détails. En théorie, votre hébergeur OVH vous a fourni toutes ces informations.

Configurez la connexion à votre base de données en remplissant les champs suivants.

Pour utiliser PrestaShop vous devez créer une base de données afin d'y enregistrer toutes les données nécessaires au fonctionnement de votre boutique.
Veuillez compléter les champs ci-dessous pour connecter PrestaShop à votre base de données.

Adresse du serveur de la base	127.0.0.1

Si vous souhaitez utiliser un port différent du port par défaut (3306) ajoutez ":XX" à l'adresse de votre serveur, XX étant le numéro de votre port.

Nom de la base	ps171
Identifiant de la base	root
Mot de passe de la base	
Préfixe des tables	ps_
Supprimer les tables (mode dev)	☐

[Tester la connexion à la base de données]

[Précédent]   [Suivant]

Renseignez tous les champs en indiquant les identifiants de connexion à la base de données fournis par votre hébergeur :

Adresse du serveur de bases de données. C'est le nom d'hôte de votre serveur MySQL. Il peut être associé à votre nom de domaine (par exemple, http://sql.exemple.com) ou à votre hébergeur (par exemple, http://mysql2.alwaysdata.com), ou il peut simplement s'agir d'une adresse IP (par exemple, 46.105.78.185).

Nom de la base de données. C'est le nom de la base de données où vous voulez que PrestaShop stocke ses données. Il s'agit soit d'une base de données existante sur votre serveur MySQL, soit de la base que vous avez créée à l'aide de phpMyAdmin (ou tout autre outil SQL) dans la section "Créer une base de données pour votre boutique" du présent guide.

Identifiant de connexion à la base de données. C'est le nom de l'utilisateur MySQL qui a accès à votre base de données.

Mot de passe de la base de données. C'est le mot de passe de l'utilisateur MySQL.

Moteur de bases de données. Le moteur de bases de données est le cœur de votre serveur de bases de données. InnoDB est le moteur par défaut. Il est recommandé de l'utiliser même si les plus expérimentés d'entre vous préféreront peut-être choisir un autre moteur.

En règle générale, il n'est pas nécessaire de modifier le

paramètre par défaut.

Préfixe de tables. C'est le préfixe de vos tables de base de données. Le réglage par défaut est "ps_", ce qui donne des tables SQL PrestaShop comme "ps_cart" ou "ps_customer". Si vous avez besoin d'installer plusieurs instances de PrestaShop sur la même base de données, vous devez utiliser un préfixe différent pour chaque installation. Nous vous recommandons de créer une base de données par installation de PrestaShop, si votre hébergeur le permet. Mieux encore : ne faites qu'une installation de PrestaShop et activez la fonctionnalité multiboutique afin de gérer plusieurs boutiques depuis la même zone d'administration de PrestaShop.

Option de suppression des tables. Cette option n'est disponible qu'en mode développeur. Lorsque vous réinstallez PrestaShop, vous pouvez choisir de supprimer les tables de base de données de PrestaShop existantes afin de recommencer de zéro.

Cliquez sur le bouton "Tester la connexion à la base de

données" afin de vous assurer que vous avez saisi les bonnes informations de serveur.

Cliquez sur "Suivant" : l'installation commence avec la configuration de votre boutique et le remplissage des tables de la base de données, etc. Cette opération peut prendre quelques minutes : veuillez patienter et ne pas toucher votre navigateur !

Création de la boutique par défaut et des langues...

```
                              23%
✓ Création du fichier settings.inc
✓ Création des tables de la base
```

L'installeur effectue les opérations suivantes :

Crée le fichier settings.inc.php et indique vos paramètres.

Crée les tables de base de données.

Crée la boutique par défaut avec ses langues par défaut.

Renseigne les tables de la base de données.

Configure les informations de la boutique.

Installe les modules par défaut.

Installe les données de démonstration (produits, catégories, utilisateurs, pages CMS, etc.).

Installe le thème.

Une fois cette étape terminée, votre boutique est installée et prête à être configurée.

Terminer l'installation

Comme vous pouvez le lire sur la dernière page du processus d'installation, il vous reste quelques dernières actions à effectuer avant de quitter l'installeur.

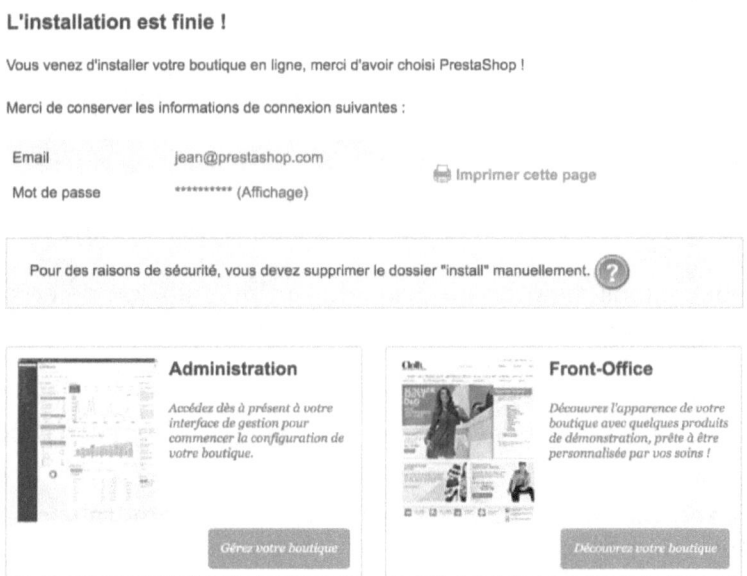

Pour renforcer facilement la sécurité de votre installation, supprimez certains fichiers et dossiers importants. Cette opération s'effectue à l'aide de votre client FTP, directement sur le serveur. Les éléments à supprimer sont les suivants :

Le dossier "/install" (impératif)

Le dossier "/docs" (en option), à moins que vous n'ayez besoin de tester l'outil d'importation avec les modèles de fichiers d'importation que ce dossier contient

Cliquez sur le bouton "Gérer votre boutique" afin d'atteindre votre zone d'administration.

N'oubliez pas d'ajouter l'adresse de connexion admin à vos favoris.

Félicitations ! L'installation est à présent terminée.

Nous allons maintenant procéder à l'installation de ce que l'on appelle des modules sur prestashop.

Les modules de vos fournisseurs pour l'automatisation de l'importation des produits et des stocks sur votre boutique. Pour ce qui est du premier fournisseur Brandsdistribution il vous faudra créer un compte sur leur site partenaire :

https://shop.zero11.it/

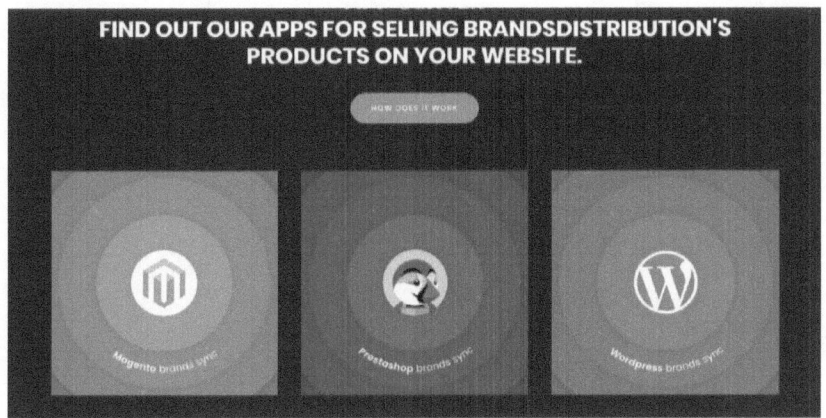

Cliquez ensuite sur Prestashop brands sync

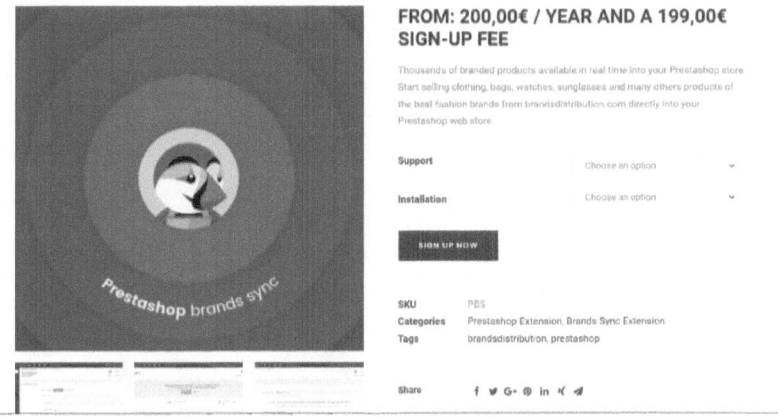

Vous arriverez sur cette page descriptive du produit. Le module coûte 399€ en tout, il vous sera disponible en téléchargement illimité durant une année ensuite il vous faudra le renouvelé, mais vous n'en aurez pas besoin car il restera fonctionnel tant que vous ne le supprimerez pas de votre ordinateur ou de votre base de données prestashop.

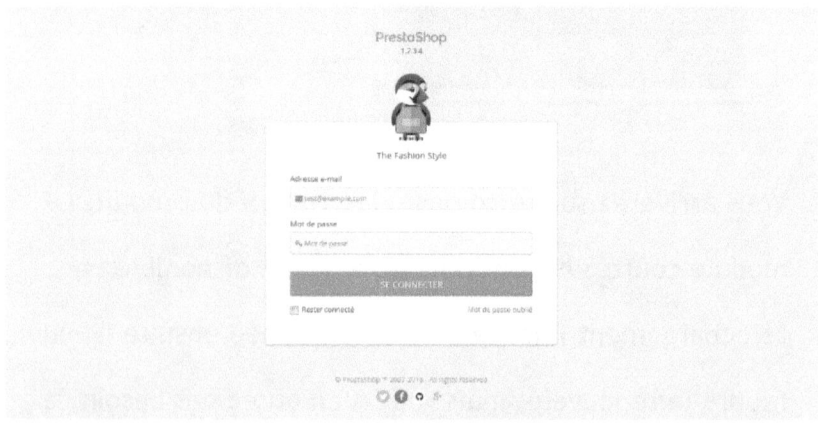

Dans votre compte sur Zero11 vous pourrez télécharger le module en cliquant sur « ps-brandsync ».

Par la suite vous devrez vous connectez à votre espace admin sur Prestashop qu'on appellera « back-office ».

Entrez l'adresse email utilisée pour installer Prestashop et votre mot de passe.

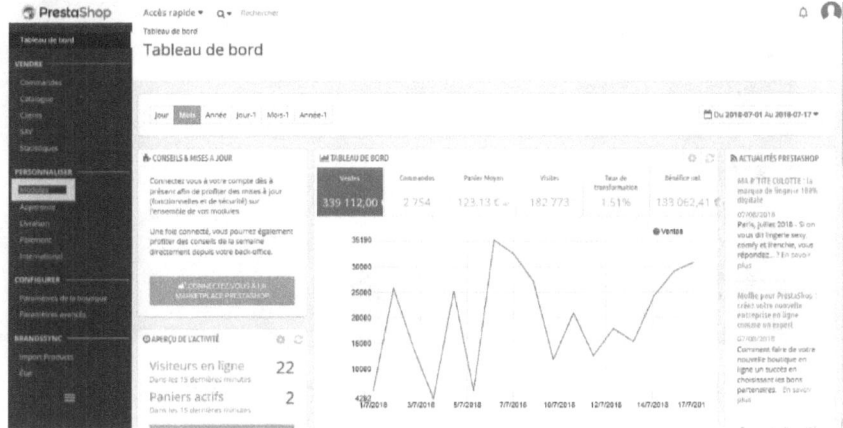

Rendez-vous dans modules.

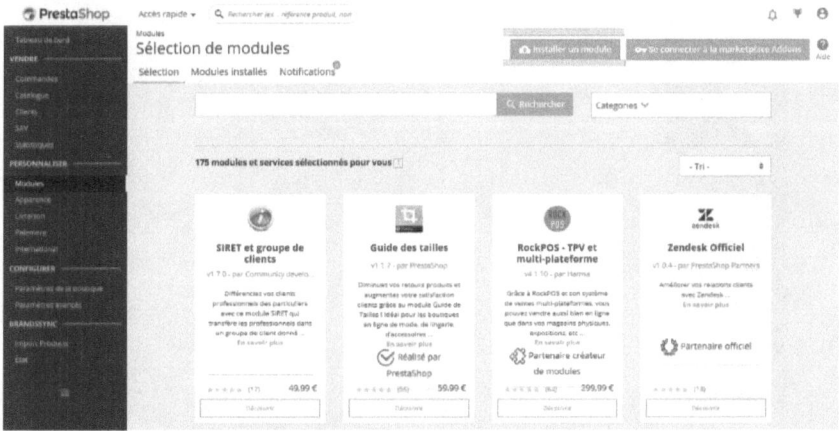

Puis dans installer un module.

Sélectionnez le fichier «.zip» téléchargé plus tôt sur Zero11 et installez votre module.

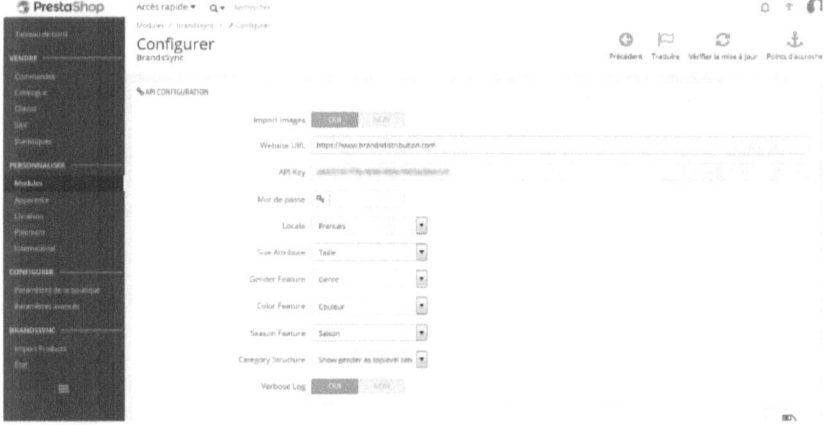

Allez dans modules installés et configurez BrandsSync. Dans website URL vous devrez indiquer l'url de brandsdistribution comme sur cet exemple et inscrire l'API Key (ou clé API) que le fournisseur vous fournira par mail sur votre demande après vous être inscrit et pris un des trois plans proposés pour accéder à leur service dropshipping.

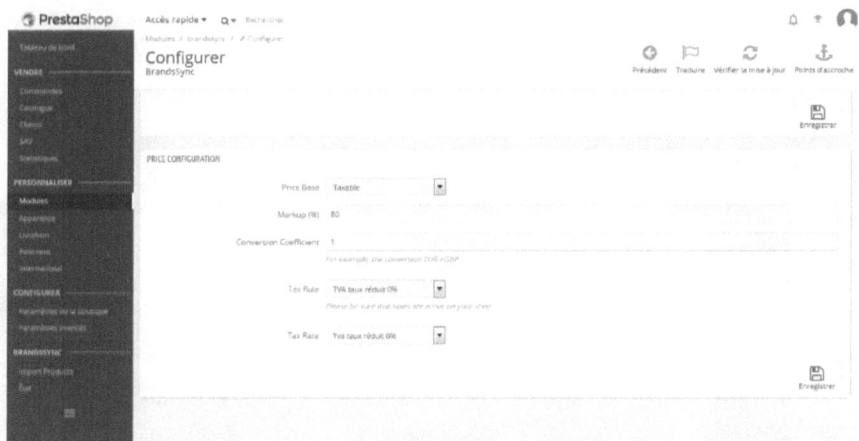

Puis, vous configurerez votre taux de TVA et la marge de bénéfice à appliquer aux produits importés.

Vous devrez ensuite créer une « tâche cron » c'est une tâche automatique qui effectue une requête précise sur votre serveur, vous pouvez utiliser celle d'OVH directement depuis votre interface sur votre compte OVH, mais je vous conseille d'opter pour le site Easycron vous pourrez retrouver le lien vers ce site ici :

https://www.easycron.com

Vous pourrez ouvrir un compte gratuitement et créer vos tâches cron.

Vous n'aurez qu'à entrer pour votre module :

« http(s)://<votre-domaine>/modules/brandssync/cron.php ».

En remplaçant « votre-domaine » par le nom de votre boutique qui devrait être votre nom de domaine. Comme dans l'exemple ci-dessous :

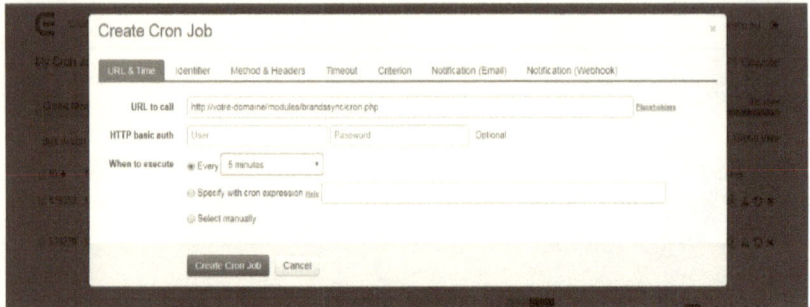

Vérifiez bien que vous avez choisi cinq minutes d'intervalles entre chaque requête pour que votre stock soit mis à jour toutes les cinq minutes.

Cliquez sur « create cron job » et votre tâche s'effectuera normalement. Par la suite vous devrez commencer à choisir les produits que vous voulez importer

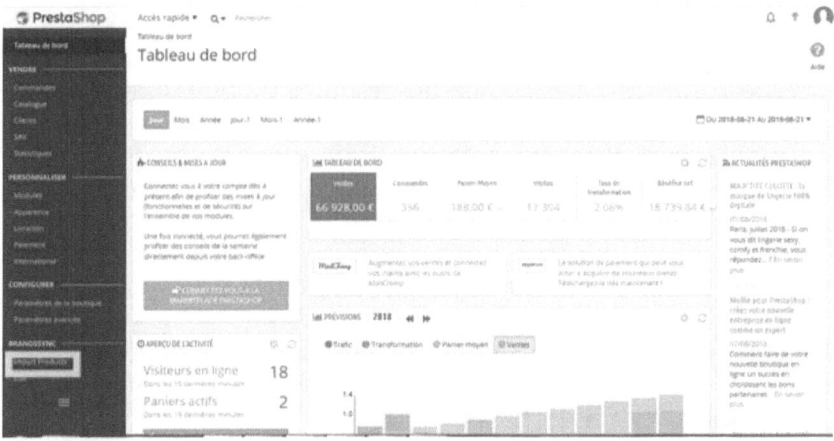

Vous aurez ici un large choix de vêtements et accessoires de mode de plusieurs marques à importer vous n'aurez qu'à sélectionné ceux que vous préférez ou bien importer la totalité du catalogue. Tout se fera ensuite automatiquement, lorsqu'une commande sera passée sur votre boutique elle sera automatiquement transmise au fournisseur qui réservera le produit pour vous durant trois jours jusqu'à ce que

vous payiez la commande.

Maintenant, pour ce qui est du module pour le fournisseur BigBuy la démarche sera sensiblement la même, la seule chose qui change sera le mode d'acquisition du module que vous retrouverez cette fois sur prestashop addons, une sorte de Marketplace de modules uniquement pour prestashop. Vous retrouverez d'ailleurs sur cette plateforme beaucoup de modules qui vous serviront par la suite lorsque vous aurez acquis une certaine expérience dans la vente en ligne et que vous saurez de quels modules vous avez besoins.

Voici le lien vers le site :

https://addons.prestashop.com/fr/

Vous n'aurez qu'à inscrire « bigbuy » dans la barre de recherche et acheter le module encadré en vert. Le prix TTC sera de 299,99€. Mais encore une fois le gain de temps et d'énergie sera considérable, c'est un investissement fixe qui ne se répètera pas. Comme je vous le disais l'investissement est minime par rapport à une société d'import/export, mais l'investissement y est et il est essentiel pour réussir. Maintenant pour installer le module il vous suffira d'utiliser la même méthode que pour le module brandssync, son fonctionnement est le même. Les catégories se créeront d'elles même en même temps que l'import des produits.

Votre boutique est maintenant prête à l'emploi, vous devrez bien sûr améliorer le visuel et y inscrire des conditions générales de ventes, votre politique de retour qui sera la même que celle de votre fournisseur, et vos mentions légales. Même si pour le moment votre boutique n'est en réalité qu'une passerelle vers les Marketplaces, nous n'allons pas utiliser de fond pour acquérir des prospects vers votre boutique mais débuter directement les ventes sur les Marketplaces pour pouvoir par la suite investir dans l'acquisition de trafic. Il faut impérativement commencer à faire du chiffre avant de se lancer dans le marketing qui ne fonctionnera pas pleinement avant quelques mois. Et rien de mieux que les

Marketplaces, vous ne faites pas venir les clients à vous, c'est vous qui allez à eux.

OUVRIR SON AUTO-ENTREPRISE

Maintenant que votre boutique est prête à vendre ses produits il faut vous mettre en règle au niveau légal. Pour cela rien de plus simple, ouvrez gratuitement votre auto-entreprise.

Beaucoup de sociétés sur internet vous offrent leurs services pour ouvrir votre auto-entreprise, notamment pour ceux qui ne sauraient pas le faire eux-mêmes, néanmoins je pense que c'est un investissement inutile. Ouvrir son auto-entreprise n'a rien de difficile et je vous l'expliquerais ici. Nous aborderons aussi le sujet de la manière légale de payer moins d'impôts sur vos bénéfices. Voici la démarche a effectué en France pour ouvrir son auto-entreprise, cela sera bien entendu différent en fonction du pays dans lequel vous vivez mais cela pourra tout de même vous être utile étant donné que les démarches sont sensiblement similaires

Pour commencer rendez-vous sur :

https://www.cfe.urssaf.fr/autoentrepreneur/CFE_Bienvenue

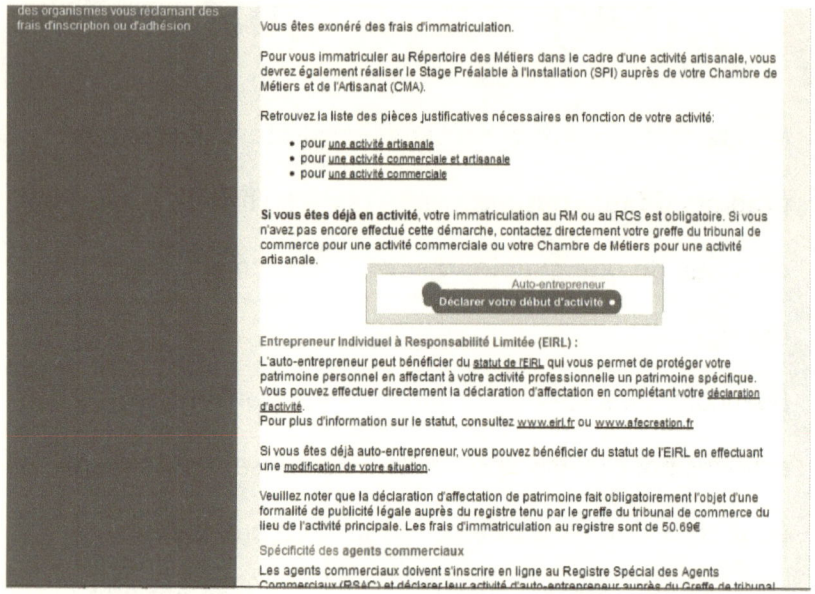

Il vous suffira de cliquer dans l'encadré vert et suivre les instructions pour vous télédéclarez en ligne. Par la suite vous pourrez récupérer un formulaire ACCRE à renvoyer sous 45 jours pour ne pas payer d'impôts si vous êtes éligible à cette aide aux chômeurs créateur ou repreneurs d'une entreprise. Comme je vous l'expliquais plus tôt, ce genre d'aide à la création d'entreprise existe dans différents pays et il convient de vous en informer au préalable.

Dès lors que vous recevrez la réponse du greffier par la

poste, donc votre extrait K-bis avec votre numéro de SIRET (ou « company registration number ») vous pourrez par la suite débuter vos ventes. Tout ce que vous aurez à faire en tant qu'auto-entrepreneur légalement est de tenir un livret d'achats et de ventes, donc tous les produits que vous avez achetés, leurs prix d'achats et leurs prix de reventes.

Pour ce qui est de vos impôts vous trouverez ce dont vous avez besoin sur le portail auto-entrepreneur de vos pays respectifs.

Voici à quoi ressemble la page dans laquelle nous déclarons nos bénéfices en France :

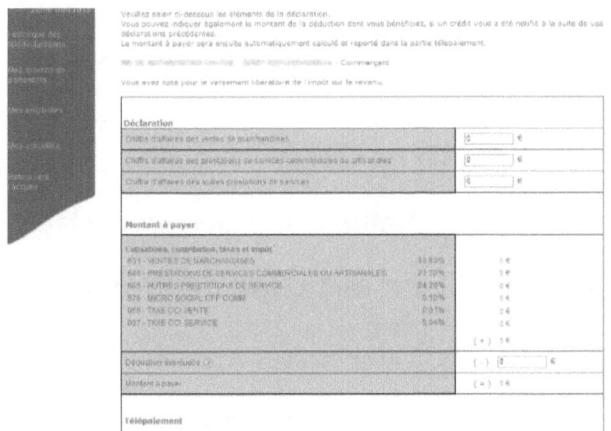

En tant que commerçant d'achat et revente vous devriez déclarer votre chiffre d'affaires des ventes de marchandises, néanmoins ceci vous ferait payer beaucoup plus d'impôts alors que votre marge sur le chiffre d'affaire n'est pas aussi haute que celle d'un détaillant. Techniquement et légalement vous ne faites pas de ventes en ligne à proprement parler, vous êtes une passerelle entre le fournisseur et le client, le client vous mandate pour lui acheter un produit auprès du fournisseur, vous êtes donc considéré comme un prestataire de services commerciaux. Votre impôt ne sera donc pas calculé sur votre chiffre d'affaire total mais uniquement sur vos bénéfices, vos bénéfices deviendront votre chiffre d'affaire et c'est ici que vous économiserez de l'argent.

Prenons un exemple :

Vous vendez un produit 125€ et vous l'avez à 60€. Normalement en tant que détaillant vous devriez déclarer 125€ et payer 17,25€ sur cette vente, mais en prestation de service vous ne paierez d'impôts que sur vos bénéfices donc 15,40€, sur une année entière de vente l'économie n'est vraiment pas négligeable notamment lorsque vous devrez baisser votre marge car l'un de vos concurrents à mit la barre très basse au niveau du prix. Lorsque vous devrez baisser votre marge sur un produit à cause d'un concurrent si vous n'optez pas pour ce type de déclaration vous allez tout simplement perdre de l'argent car la déclaration sur le chiffre d'affaire total ne prend pas en compte votre marge mais uniquement le prix auquel vous avez vendu votre produit. Votre boutique Prestashop créera elle-même vos factures, vous devrez donc créer un dossier avec des sous dossiers notés en mois dans lesquels vous transférerez vos factures clients et fournisseurs, imprimez-les et rangez-les dans un classeur, chaque factures correspondantes d'un client dans la même pochette pour vous y retrouver plus facilement lors de votre calcul trimestriel ou mensuel de vos bénéfices.

S'OUVRIR AUX MARKETPLACES (AMAZON, CDISCOUNT, RUEDUCOMMERCE)

C'est ici que tout va commencer, vos premières ventes s'effectueront sur les Marketplaces, en premier lieu Amazon. Car grâce à un abonnement mensuel d'environ une quarantaine d'euros vous aurez accès à des clients dans le monde entier. C'est ici que nous ferons évoluer notre capital pour nous ouvrir ensuite aux autres Marketplace comme Cdiscount et la Rue du Commerce en France ou d'autres marketplaces selon vos pays respectifs.

Pourquoi ne pas toutes les faire en même temps ? Eh bien parce que Cdiscount ne reversera le fruit de vos ventes que deux mois après vos premières ventes dans le meilleur des cas et vous ne pouvez pas vous permettre d'avancer deux mois de commandes à vos débuts, d'autres Marketplaces dans vos pays fonctionnent certainement de la même manière. Vous devrez recevoir le fruit de vos ventes maximum après un mois comme le fera Amazon. Pour ce qui est de la Rue du Commerce comme je vous l'expliquais certaines marketplaces demandent beaucoup plus de détails sur vos produits que vous devrez entrer manuellement et cela prendra beaucoup de temps. Si vous faites des ventes pendant ce temps grâce à Amazon, cela vous motivera pour continuer car ce n'est pas une tâche des plus amusantes. Pour ce faire vous aurez besoin soit d'un intégrateur de flux que vous paierez mensuellement comme Iziflux (que j'utilise en France), soit d'un module que vous retrouverez sur prestashop addons dont je vous parlais dans le chapitre « créez votre boutique e-commerce sous Prestashop ». Vous n'aurez qu'à inscrire dans la barre de recherche « amazon », « cdiscount », « la rue du commerce » ou n'importe quelle autre Marketplace disponible dans votre pays et vous trouverez votre bonheur, bien entendu payant, mais un paiement fixe contrairement aux intégrateurs de flux. Néanmoins les intégrateurs de flux proposent des formations sur leur utilisation comme le fait Iziflux, module que vous retrouverez gratuitement sur prestashop addons mais qui ne fonctionnera qu'avec l'abonnement d'Iziflux. Vous pouvez prendre contact avec eux ils se feront une joie de vous appeler pour en savoir plus sur vos besoins et vous parler de leur service. Autrement, vous pourrez rechercher un intégrateur de flux existant dans votre pays ou qui a un service client en anglais.

L'installation de ces modules s'effectue de la même manière que les modules d'import de produits des fournisseurs brandsdistribution et bigbuy.

Nous allons maintenant commencer l'inscription sur Amazon, pour ce faire vous devrez aller sur un de ces liens :

NORTH AMERICA :

USA : https://services.amazon.com/

CANADA :

https://www.amazon.ca/b/?node=13653459011&ref=as_u s_header_ca-flag&ld=SCSOAlogin

MEXICO :

https://services.amazon.com.mx/

SOUTH AMERICA :

Brazil : https://services.amazon.com.br/venda-na-amazon.html

EUROPE :

UK : https://services.amazon.co.uk/

FR : https://services.amazon.fr/

DE : https://services.amazon.de/

ES : https://services.amazon.es/

IT : https://services.amazon.it/

ASIA :

INDIA : https://services.amazon.in/home/international-sellers.htm

CHINA : https://kaidian.amazon.cn/

JAPAN : https://services.amazon.co.jp/

KOREA : https://services.amazon.co.kr/

THAILAND : https://services.amazon.co.th/

SINGAPORE : https://services.amazon.com.sg/

OCEANIA :

Australia : https://services.amazon.com.au/

Cliquez ensuite sur « inscrivez-vous » puis sur « mettre en vente », vous serez redirigé vers la page de connexion, cliquez sur « créer votre compte Amazon »

Après avoir créé votre compte vous arriverez sur la page où toutes les informations sur votre entreprise, notamment votre numéro au registre du commerce qui est votre numéro SIREN en France ou votre Company registration number dans votre pays, vous seront demandés.

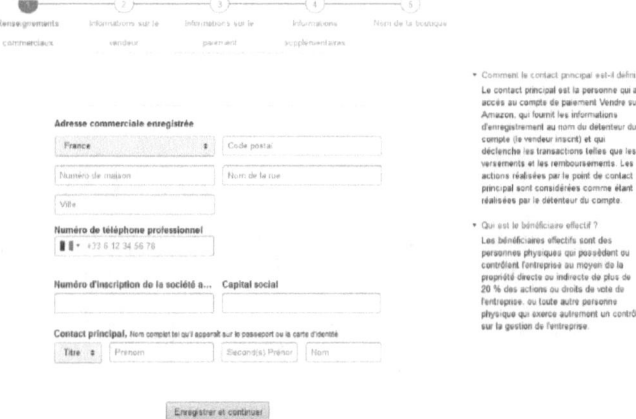

Amazon vérifiera que toutes vos informations sont correctes et vous tiendras informer dès lors que vous pourrez débuter vos ventes, par email. Pour ce qui est des autres Marketplaces, les démarches seront sensiblement les mêmes excepté pour la Rue du Commerce qui vous demandera de signer un contrat papier et de leur renvoyé. Vous pourriez tomber sur ce type de Marketplace dans votre pays aussi

CALCULEZ LE BUDGET PREVU POUR GARDER UNE TRESORERIE STABLE

Grâce à la méthode de calcul de la marge qui vous a été donné dans le chapitre « vérifier les prix des concurrents pour calculer votre marge » vous pouvez désormais connaître votre investissement de départ. Dans le cas où vous ne pourriez pas investir le montant indiqué selon votre niche il serait plus judicieux de choisir une niche moins coûteuse grâce à SaleHoo. Reprenons notre exemple de sac à main Versace Jeans et de notre veste de costume Dolce & Gabbana.

Exemple :

125% (sac à main) + 70% (veste de costume) ÷ 2 = 97,5%

Nous arrondirons donc notre marge de bénéfice à 95%.

Nous devons maintenant fixer un but de ventes mensuelles, en sachant que vos bénéfices en tant qu'auto-entrepreneur sont plafonnés à hauteur de 70 000€ en France, vous pourrez vous informer de votre plafond dans vos pays respectifs. Ce qui nous fait mensuellement 5833€ de bénéfice maximum avant déduction de 23,70%. Bien entendu vous n'arriverez pas à ce niveau dès les premiers mois, fixons donc notre limite à la moitié de ce montant arrondis à 2411€. Pour calculez votre investissement dans le but de gagner 2411€ nous reprendrons votre pourcentage de marge qui était de 95% calculés grâce à nos deux produits, vous devrez en utiliser bien sûr beaucoup plus pour calculer une marge exacte. Je conseille environs une centaine. Vous devrez investir 2538€ pour avoir 95% de ce montant en plus donc 2411€. Vos ventes totales mensuelles devront s'élevées à 4949€. 4949€ - 2538€ (le prix de vos produits) = 2411€ (votre bénéfice).
Si vous ne pouvez pas vous permettre d'investir 2538€ mensuellement en sachant bien entendu que ces fonds

reviendront le mois suivant avec un bénéfice de 2411€ en plus.

Il vous faudra penser à choisir une niche moins coûteuse. C'est aussi simple que cela. Bien entendu il vous faudra ajouter à cela les dépenses fixes qui auront lieu avant le début des ventes comme l'abonnement en tant que vendeur professionnel sur Amazon, les modules pour l'import des produits depuis vos fournisseurs vers votre boutique, le module pour l'import de votre boutique vers Amazon (si vous n'optez pas pour l'intégrateur de flux qui a un coût mensuel) et bien sûr l'abonnement pour les services dropshipping.

TROUVEZ VOTRE INTEGRATEUR DE FLUX POUR EXPORTER VOS PRODUITS

Nous parlerons dans ce chapitre de l'intégrateur de flux, entre-autre Iziflux celui que j'utilise moi-même. Cet outil vous permettra d'exporter vos produits sur une multitude de Marketplaces directement depuis une seule plateforme, ce qui est impossible autrement car vous devrez toujours prendre un module spécifiquement créé pour une Marketplace. Ceci est un choix à faire selon vos préférences, un coût mensuel pour l'accès à plusieurs Marketplaces et plateforme (Google Shopping inclus) ou bien un coût fixe une seule fois pour les différentes Marketplaces dans lesquelles vous souhaitez vendre. Je vais vous fournir le lien vers Iziflux qui est une société française vous pourrez par la suite prendre contact avec eux pour connaître leurs services et leurs tarifs selon le nombre total de vos produits, puis faire votre choix.

https://www.iziflux.com/

Vous trouverez ici deux autres liens pour des intégrateurs de flux internationaux avec un service client anglais qui conviendrait aux lecteurs étrangers :

Lengow : https://www.lengow.com/

Magnalister: https://www.magnalister.com/en/

Maintenant, laissons cela de côté et abordons plutôt le sujet du problème sur la synchronisation des stocks et du « time-out » serveur lorsque vous avez trop de produits, ou bien que les synchronisations ne s'effectuent pas assez rapidement ce qui est le cas pour Iziflux qui ne peut pas, comme votre boutique, mettre à jour vos stocks vers les Marketplace toutes les cinq minutes. Dans ce cas, nous allons utiliser une méthode simple. Créer des règles d'export. C'est-à-dire que lorsque vos quantités auront atteint un certain montant, l'intégrateur de flux indiquera que ce produit n'est plus en stock sur les Marketplace. Cela évitera que lorsque ce produit sera réellement en rupture de stock, il le synchronise trop tardivement sur la Marketplace. Je conseille d'effectuer ce réglage en dessous de cinq.

Dès que le produit aura atteint la quantité en dessous de cinq il sera automatiquement remis à zéro et le produit ne sera plus en vente. La méthode sera la même sur les modules d'export vers Amazon que vous retrouverez sur prestashop addons, si vous n'optez par pour l'intégrateur de flux.

A partir de maintenant, tout est en place pour commencer à vendre vos produits. Vous avez votre fournisseur, votre boutique, votre entreprise a été créée, vous avez ouvert votre compte professionnel sur Amazon et exporté vos produits grâce à votre intégrateur de flux ou module. Vous allez donc commencer à recevoir des commandes. Durant les premiers mois vous devrez continuer de cette manière uniquement sans vouloir aller trop vite. Par la suite vous ouvrirez un autre compte vendeur professionnel dans une autre Marketplace, puis une autre. Vous serez bien noté et visible. Et à partir de là, nous pourrons réellement investir dans notre boutique personnelle où 15% de vos ventes ne seront pas reversées aux Marketplaces. Car vous aurez acquis les fonds suffisant grâce à vos premières ventes. Mais vous vous demandez sûrement pourquoi j'écris ce livre pour expliquer comment créer une boutique qui marche et de ce fait me créer de la concurrence à moi-même. Eh bien la réponse est simple, à partir du moment où vous êtes dans la vente depuis un certain temps, vous comprenez que la concurrence n'est pas un mal. Quand vous vendez le même produit que votre concurrent, il vous donne de la visibilité, car son client ne commande jamais instantanément, il cherche toujours si moins cher existe ailleurs. Lorsque votre concurrent fait une publicité pour le même produit que vous, il vous fait de la publicité gratuitement. La seule guerre sur internet sera celle du prix. Lorsque votre concurrent n'aura plus son produit en stock, son client se tournera vers vous. Vous voyez tous les jours une nouvelle idée innovatrice d'entreprise ou de start-up émergente et quelques semaines plus tard toute une création d'entreprises similaires parce que la première fonctionne. Lorsqu'une boulangerie ouvre dans votre ville, et qu'une deuxième ouvre 100 mètres plus loin les deux arrivent à vendre et à faire tourner l'économie, certains iront chez l'un pour une raison particulière qui leur est propre. Pourtant les prix sont les mêmes. La concurrence a toujours existé et ne fait pas faire faillite, ce qui crée la faillite c'est l'innovation, créer quelque chose qui n'existe pas sans être sûr que la demande existe car quand vous innovez vous ne pouvez jamais en être sûr, mais quand vous réutilisez quelque chose d'existant vous avez beaucoup plus de chance de réussite notamment en l'améliorant. La concurrence fait tourner l'affaire de tout le monde, ce n'est en aucun cas un mal.

Une personne qui marche et qui voit la vitrine d'une boulangerie, qui sent son odeur. Elle lui donnera peut-être envie d'acheter une pâtisserie, mais cette personne étant dans ses pensée continuera à marcher puis 100 mètres plus loin tombera sur une deuxième boulangerie et se laissera tenter par l'envie que la première avait créée. C'est le parfait exemple de la publicité gratuite.

UTILISEZ GOOGLE SHOPPING (PUBLICITES PAYANTES)

Vous avez commencé à faire vos premières ventes grâce aux Marketplaces et vous vous sentez prêt à vendre grâce à votre propre boutique car votre fond de roulement est désormais suffisant. Nous n'utiliserons pas Facebook ici, bien que créer une page Facebook pour votre boutique ne soit pas une mauvaise chose en soi, les publicités de Facebook ne sont pas une bonne affaire. Un utilisateur de Facebook ne cherche pas ses produits dessus, je n'ai moi-même pratiquement jamais acheté un produit via Facebook et je pense que vous non plus, ceci pour une raison, c'est un réseau social et non un marché. Les utilisateurs y vont pour s'amuser et non dépenser. Facebook est une plateforme gratuite, la dépense ne va pas de soi sur cette plateforme contrairement à Google Shopping où l'utilisateur cherche un produit à éventuellement acheter. Vous touchez une clientèle potentielle. Et pour ce qui est des posts sur Facebook par exemple sur la page de votre boutique, il faut savoir que Facebook a un algorithme qui est fait pour que son utilisateur ne sorte pas du réseau social, dès que votre post contient un lien il sera inévitablement rabaissé dans le fil d'actualité. Peu de personnes verront votre post et cela que votre page contienne des milliers de fans ou non. Si c'était aussi simple de toucher autant de personnes, il n'y aurait pas de publicités sur Facebook qui est la seule vraie manière d'acquérir du trafic, qui plus est de mauvaise qualité. Il n'y a que pour les grandes entreprises qui ont un énorme budget marketing que Facebook devient efficace.

Autrement, ce n'est qu'une dépense inutile et inefficace. Maintenant pour envoyer vos produits vers Google shopping il vous faudra créer un compte entreprise sur Google merchant center en suivant ce

Lien :

https://merchants.google.com/Signup?hl=fr&fmp=1&utm_id=gfr&mcsubid=be-fr-z-g-mc-gfr&_ga=2.12553908.1684194687.1534989322-313431744.1534989322

Ce lien est pour la création de compte en France, s'il ne fonctionne pas dans votre pays en vous redirigeant vers la page spécifique à votre pays vous pouvez tous simplement rechercher google merchant center sur google et suivre les instructions, vous aurez tout de même besoin d'une adresse Gmail pour la création de votre compte, si vous n'en possédez pas encore, vous pouvez la créer gratuitement et je vous conseille vivement d'en créer une nouvelle même si vous en possédez déjà une.

Par la suite vous pourrez retrouver des modules d'export vers google shopping sur prestashop addons ou si vous avez opté pour un intégrateur de flux directement depuis celui-ci. Vous aurez quelques manipulations à faire pour que Google vérifie que votre site web vous appartient réellement mais tout vous sera expliqué sur l'aide à l'intégration de Google ou si vous avez opté pour l'intégrateur de flux grâce à leur service technique qui vous fournira les informations nécessaires. Dès que vos produits seront importés sur Google merchant center, il vous suffira de créer un compte Google adwords (maintenant Google ads) en suivant ce lien :

https://ads.google.com/um/Welcome/Home?hl=fr&sourceid=awo&subid=fr-ww-di-g-aw-a-awhp_1!o2&sf=or&clickid=sn-3r-or-fr-08222018&pli=1#oa

Par la suite vous n'aurez qu'à créer une campagne Google Shopping qui sera liée à votre compte Google merchant center avec tous vos produits en inscrivant le budget journalier que vous souhaitez investir dans vos publicités.

A partir de là vous commencerez à acquérir du trafic de qualité vers votre boutique. Vous devrez bien entendu avoir un prestataire de paiement sur votre boutique comme Paypal, j'utilise personnellement PayGreen qui vous autorisera le prélèvement de vos ventes un jour après la validation de la commande. Le module est disponible gratuitement sur Prestashop addons, vous devrez ensuite créer un compte sur leur site internet puis ils prendront une faible commission sur les ventes, comme le ferait Paypal ou n'importe quel prestataire de paiement. Vous serez sûrement conseillé par Prestashop d'utiliser Stripe comme prestataire de paiement mais lors de l'ouverture de votre compte, dès qu'ils apprendront que vous êtes dropshippers, leur banque n'acceptera pas le dossier car c'est une méthode de vente trop peu connue. Quel que soit votre chiffre d'affaire, la réponse sera non.

DEVELOPPEMENT DU DROPSHIPPING

Le dropshipping comme je l'expliquais dans le chapitre « qu'est-ce que le dropshipping ?» est une étape, un tremplin. Il y a plusieurs manières de développer le dropshipping selon vos perspectives et vos ambitions. Si par exemple dans votre niche vous n'arrivez pas à abaisser vos prix par rapport à vos concurrents et que vous ne voulez pas changer de niche il serait préférable de penser à une alternative au dropshipping qui est le « print on demand » cette méthode est efficace car elle élimine totalement la concurrence. Le « print on demand » consiste à créer ces propres produits, plusieurs sociétés existent dans différents secteurs comme ShineOn par exemple, qui elle, propose des bijoux personnalisés pour dropshippers, c'est-à-dire que vous avez plusieurs types de bijoux et que vous pouvez créer vos propres designs dessus, votre marque, ou tout simplement des designs en rapport avec votre niche. Les produits n'existent pas tant que vos clients ne vous les ont pas commandés, dès qu'une commande est passée, la société imprime vos designs sur les produits choisis et les envoie directement à vos clients. Ce client ne pourra alors trouver votre produit nulle part ailleurs. C'est tout l'intérêt du « print on demand », la concurrence zéro. Autrement, après avoir augmenté votre capital entreprise avec vos ventes en dropshipping, vous pourriez penser à vous lancer dans la vente au détail à proprement parler en achetant des produits en gros et en les revendant au détail, une recherche des produits phares et des prospects susceptibles de les achetés est nécessaire à ce moment-là mais vous aurez acquis cette expérience grâce au dropshipping.

BILAN

Grâce aux différents chapitres de ce livre vous avez appris à préparer votre projet de boutique en ligne en Dropshipping, vous avez appris à créer votre boutique, à calculer vos marges et bénéfices, à calculer votre budget pour réussir. Vous avez appris où trouver vos fournisseurs, comment trouver vos produits et votre niche. Vous avez appris comment ouvrir votre auto-entreprise, comment payer moins d'impôts légalement. Comment utiliser les Marketplaces pour faire vos premières ventes, importer vos produits, **gagner du temps**. Tout ceci vous sera très utile et vous n'aurez probablement pas besoin de ce que je vais vous proposer maintenant.

Mais, en remerciement pour l'achat de ce livre je suis prêt à répondre à vos questions, quelques points que vous n'auriez pas compris ou pour avoir plus de détails. Si vous bloquez sur certains points je serais tout disposé à vous aider et à répondre à vos questions sur l'adresse mail ci-dessous.

@ : lebuzzdudropshipping@gmail.com

Bien, c'est ici que s'achève votre « formation ».

J'espère qu'elle vous aidera dans votre projet et que vous l'avez apprécié.

N'hésitez pas à prendre contact je vous aiderai avec plaisir, ceci n'est pas qu'un livre, c'est un moyen de partager mes connaissances pour aider ceux qui ont l'ambition de réussir, c'est son réel but.

www.ingramcontent.com/pod-product-compliance
Lightning Source LLC
Chambersburg PA
CBHW030017190526
45157CB00016B/3036